HALLO ANNA neu

Olga Swerlowa

Deutsch für Kinder

Lehrbuch

1

Klett Polska Sp. z o.o.
ul. Polska 114
60-401 Poznań
Tel.: 61 62 69 090
Fax: 61 84 96 212
doradcy@klett.pl
www.klett.pl

Der Umwelt zuliebe!

Audiodateien zum Download unter
www.klett-sprachen.de/hallo-anna-neu

ISBN 978-3-12-600059-8
1182309

Konzeption des Kurses: Olga Swerlowa, Beata Ćwikowska, Daria Miedziejko, Katarzyna Sroka
Redaktion: Kornelia Kucharska
Illustrationen: Paweł Miedziński
Umschlaggestaltung: H7 / H7agency.pl
Layout: H7 / H7agency.pl
Satz: Violet Design/Wioletta Kowalska
Fotos:
© Umschlagfoto: iStock.com/Vasyl Dolmatov
BE&W: 78 (2)
Olga Swerlowa, Vladimir Zverlov: 4, 5 (2), 6, 7 (2)
shutterstock: shutterstock.com/Catarina Belova (5.1)
iStock: iStock.com/Toltek (7.1); iStock.com/Image Source (14.1); iStock.com/Somogyvari (14.2); iStock.com/Argument (14.3); iStock.com/apixel (22.1); iStock.com/KingWu (22.2); iStock.com/jarenwicklund (22.3); iStock.com/HenkBentlage (22.4); iStock.com/GlobalP (22.5); iStock.com/damedeeso (22.6); iStock.com/Bedolaga (24.1); iStock.com/ClaudioVentrella (24.2); iStock.com/Hyrma (24.3); iStock.com/jenifoto (24.4); iStock.com/DNY59 (24.5); iStock.com/janeff (24.6); iStock.com/danilsnegmb (24.7); iStock.com/hipokrat (25.1); iStock.com/imagestock (25.2); iStock.com/anakondasp (25.3); iStock.com/karandaev (25.4); iStock.com/nitrub (25.5); iStock.com/Floortje (25.6); iStock.com/Azure-Dragon (25.7); iStock.com/xamtiw (25.8); iStock.com/mcadams (25.9); iStock.com/PhotoMelon (25.10); iStock.com/ClaudioVentrella (27.1); iStock.com/Bedolaga (27.2); iStock.com/imagestock (27.3); iStock.com/hipokrat (27.4); iStock.com/anakondasp (27.5); iStock.com/Hyrma (27.6); iStock.com/karandaev (27.7); iStock.com/nitrub (27.8); iStock.com/Floortje (27.9); iStock.com/mcadams (27.10); iStock.com/danilsnegmb (27.11); iStock.com/Azure-Dragon (27.12); iStock.com/janeff (27.13); iStock.com/PhotoMelon (27.14); iStock.com/DNY59 (27.15); iStock.com/hipokrat (27.16); iStock.com/jenifoto (27.17); iStock.com/janeff (27.18); iStock.com/anakondasp (27.19); iStock.com/xamtiw (27.20): iStock.com/nitrub (27.21); iStock.com/Floortje (27.22); iStock.com/prill (30.1); iStock.com/neotakezo (30.2); iStock.com/JanPietruszka (30.3); iStock.com/Nikola Zivkovic (30.4); iStock.com/Viktoriia Bila (30.5); iStock.com/Eucalyptys (32.1); iStock.com/AndreasWeber (33.1); iStock.com/coonlight (33.2); iStock.com/eskaylim (33.3); iStock.com/Aviator70 (33.4); iStock.com/VPanteon (33.5); iStock.com/sinankocaslan (33.6); iStock.com/novifoto (33.7); iStock.com/slattery613 (33.8); iStock.com/papparaffie (33.9); iStock.com/koya79 (33.10); iStock.com/jediflynn (33.11); iStock.com/Timurpix (33.12); iStock.com/antsmarching (38.1); iStock.com/GlobalP (38.2); iStock.com/pederk (38.3); iStock.com/GlobalP (38.4); iStock.com/ChrisPethick (38.5); iStock.com/spxChrome (38.6); iStock.com/101cats (38.7); iStock.com/GlobalP (38.8); iStock.com/Photoshopped (38.9); iStock.com/spxChrome (38.10); iStock.com/cmannphoto (38.11); iStock.com/graphicphoto (38.12); iStock.com/kipuxa (38.13); iStock.com/Philip Orbell (41.1); iStock.com/AndreasWeber (41.2); iStock.com/evgenyatamanenko (41.3); iStock.com/romrodinka (41.4); iStock.com/BrianAJackson (41.5); iStock.com/Yobro10 (41.6); iStock.com/FamVeld (41.7); iStock.com/kzenon (41.8); iStock.com/mayskyphoto (46.1); iStock.com/ygluzberg (46.2); iStock.com/JanPietruszka (46.3); iStock.com/JanPietruszka (46.4); iStock.com/nnorozoff (46.5); iStock.com/ et_engineer (46.6); iStock.com/photoGartner (46.7); iStock.com/shahedy (54.1); iStock.com/Pattarit (54.2); iStock.com/damedeeso (54.3); iStock.com/Tateos (54.4); iStock.com/CatBee (54.5); iStock.com/YakobchukOlena (54.6); iStock.com/onetouchspark (62.1); iStock.com/TheDman (62.2); iStock.com/kwiktor (62.3); iStock.com/yamatao (62.4); iStock.com/vitalytitov (70.1); iStock.com/alexxx1981 (70.2); iStock.com/FrankvandenBergh (70.3); iStock.com/Jan_Neville (70.4); iStock.com/USO (70.5); iStock.com/feelphotoart (70.6); iStock.com/sdominick (72.1); iStock.com/egal (72.2); iStock.com/kaisphoto (72.3); iStock.com/ALEKSANDR GURIANOV (72.4); iStock.com/visual7 (74.1); iStock.com/ermingut (74.2); iStock.com/ka_ru (74.3); iStock.com/ElinaManninen (74.4); iStock.com/Antagain (74.5); iStock.com/kertlis (76.1); iStock.com/hsvrs (76.2); iStock.com/MKucova (76.3); iStock.com/ra-photos (76.4); iStock.com/kilian14 (76.5); iStock.com/da-kuk (78.1); iStock.com/Gueholl (78.3); iStock.com/kzenon (78.4)

Zeichnungen: Martyna Cankudi 60 (3), Stanisław Miedziejko 60 (2), Adam Miedziński 60 (1)
Tonaufnahmen: Studio MM, Poznań
Sprecher: Maja Nadarzyńska, Patrick Kobriger, Emma Weiss und Julia Flath, Florian Janocha, Ana-Maria Kobriger, Christian Kobriger, Nicole Krohn-Nadarzyński, Małgorzata Łodej-Stachowiak, Julia Merzbach, Lena Nadarzyńska, Carina Rassek, Marian Stach, Joachim Stephan, Alva Switakowski, Gabriel Turek, Philipp Wandel, Gabriele Weiss, Maximilian Weiss, Lyra Ziburske
Komposition der Lieder: Dominik Bukowski
(*Hallo Anna*; *Guten Morgen und hallo*; *Jetzt sind wir alle da!*; *Ich mag Schokolade*; *Drei und vier – tanz mit mir*; *Die Farben sind komplett*; *Mein rosa Lineal*; *Meine Familie*; *Das ist einfach spitze!*)
Arrangement der Volkslieder: Dominik Bukowski
(*Wer im Januar geboren ist …*; *Lustig, lustig*; *Kling, Glöckchen*; *Kuckuck, Kuckuck*)

Hallo, ich bin Anna

In einer großen Stadt in Deutschland lebt die kleine Anna.
Sie ist 6. Anna wohnt in einem schönen großen Haus.

In der Nähe ist eine Eisdiele. Hier gibt es das leckerste Eis in der ganzen Stadt ...

Und um die Ecke ist eine Bäckerei. Hier trifft Anna ihren neuen Freund – Benno.

Hör zu und klatsch mit. Sprich nach.
Hallo-Rap

Hallo, Anna! Hallo, Benno!
Alles prima! Alles klar!
Wir lernen Deutsch zusammen!
Das ist einfach wunderbar!

Deutsch ist cool
und genial!
Deutsch ist
international!

1.8

Morgens gehen Anna und Benno in die Schule.
Ihre Lehrerin ist schon da. Anna und Benno mögen Frau Kamm.

Neben der Schule gibt es einen großen Park. Hier spielen die Kinder gern.

Und wenn das Spiel aus ist, gehen Anna und Benno wieder nach Hause.

1 Guten Morgen, guten Tag

In der Schule lernt Anna viele neue Sachen.

Anna ist gut in Deutsch.

In Mathe ist Anna nicht sehr gut.

Nach der Schule trifft Anna ihre Freundin Tina. Sie haben immer viel Spaß zusammen.

Anna hat vor nichts Angst. Aber Spinnen mag sie nicht.

1 Wir spielen und üben

Ballspiel

Blinde Kuh

Puppentheater

Kegeldrehen

1 Guten Morgen, Frau Kamm

Anna ist sehr höflich. Sie grüßt immer ihre Nachbarn und Frau Kamm, ihre Lehrerin.
Hör zu. Welches Bild passt?

A

B

C

Guten Morgen und Hallo

Hör zu und sprich nach. Hör zu und sing mit.

Guten Morgen, guten Morgen,
Guten Morgen und Hallo.
Du bist du und ich bin ich,
Du bist hier und ich bin froh.

Guten Tag, guten Tag,
Guten Tag und Hallo.
Du bist du und ich bin ich,
Du bist hier und ich bin froh.

Guten Abend, guten Abend,
Guten Abend und Hallo.
Du bist du und ich bin ich,
Du bist hier und ich bin froh.

Scherz-Zoo

Was sagen / denken die Tiere?

Humor-Labor

Benno lernt gerade Inline-Skaten. Pass auf, Benno!
Hör zu und schau dir die Bilder an.

2 Meine Klasse

Anna geht in die erste Klasse. Sie sitzt neben Tina.
Tina ist Annas beste Freundin.
Und wie heißen die anderen Kinder in Annas Klasse?
Hör zu, sprich nach und zeig auf dem Bild mit.

Die Klasse 1a macht einen Ausflug. Wer ist da?
Wer ist nicht da? Oje, Lisa kommt wie immer zu spät.
Hör zu und sprich nach.

2 Wir spielen und üben

Kitzelspiel

Ratespiel

Brettspiel

Start
Das ist Lukas. Er ist da.
Das ist Lisa. Aber Lisa ist nicht da.
Das sind Fabian und Daniel. Sie sind da.
Ziel

2 Wer ist da? Wer ist nicht da?

Die Kinder gehen gern in die Schule.
Aber heute sind nicht alle da.
Hör zu. Wer ist da? Wer ist nicht da?

Jetzt sind wir alle da!

1.23-25

Hör zu und sprich nach. Hör zu und sing mit.

Das ist Anton, das ist Anna,
Das sind Jonas und Johanna.
Hurra, hurra! Jetzt sind wir alle da!
Tralala! Tralala! Jetzt sind wir alle da!

Das ist Lukas, das ist Lene,
Das sind Markus und Marlene.
Hurra, hurra! ...

Das ist Thomas, das ist Tina,
Das sind Kevin und Karina.
Hurra, hurra! ...

2 Scherz-Zoo

Was sagen / denken die Tiere?

Humor-Labor

Manchmal machen Anna und Benno gemeinsam ihre Hausaufgaben. Aber Benno ist heute nicht da. Wo ist er nur?
Hör zu und schau dir die Bilder an.

1.27

3 Ich mag Salat

Anna macht Sport und isst gesund. Sie isst gern Obst und Gemüse. Am besten erzählt sie selbst, was sie mag.
Hör zu, sprich nach und zeig auf den Fotos mit.

Und was mag Benno? Was mögen Lisa und Fabian?
Hör zu und sprich nach.

1.30

3 Wir spielen und üben

Laufspiel

Bingo

Ballspiel

Brettspiel

3 Wer mag was?

Anna, Anton und Tina sind auf einer Geburtstagsparty.
Sie sprechen darüber, was sie mögen.
Hör zu. Wer mag was?

Ich mag Schokolade

Hör zu und sprich nach. Hör zu und sing mit.

Ich mag Schokolade.
Ja, das mag ich.
Ja, das mag ich.

Ich mag Marmelade.
Ja, das mag ich.
Ja, das mag ich.

Ich mag Erdbeereis.
Ja, das mag ich.
Ja, das mag ich.

Ich mag Schokoreis.
Ja, das mag ich.
Ja, das mag ich.

Ich mag Obstsalat.
Ja, das mag ich.
Ja, das mag ich.

Und wer mag Spinat?
Nein, das mag ich nicht.
Nein, das mag ich nicht.

3 Scherz-Zoo

Was sagen / denken die Tiere?

Humor-Labor

Benno mag so viele Sachen. Und manchmal isst er viel zu viel davon.
Hör zu und schau dir die Bilder an.

4 Eins, zwei, drei

1.38

Benno ist gut in Mathe. Er kann zählen, rechnen und … reimen.
Hör zu, sprich nach und zeig auf dem Bild mit.

1.39

Anna, Tina und Lisa spielen gern im Schulhof. Dabei lernen sie die Zahlen.
Hör zu, sprich nach und schau dir das Bild an.

Hör zu und klatsch mit. Sprich nach.
Zahlen-Rap

1, 1 – 2, 1 – 2 – 3
4, 4 – 5, 4 – 5 – 6
7, 7 – 8, 7 – 8 – 9
10, 10 – 11, 10 – 11 – 12

Welche Zahlen siehst du auf den Fotos?
Nenne sie.

4 Wir spielen und üben

Fingerspiel bis 10

Ballspiel

Zahlenschlange

Bingo

Paare suchen

Würfelspiel

4 Wie alt bist du?

1.41

Zu Anna kommt Kemal. Anna stellt ihm ihre Geschwister und Freunde vor.
Hör zu. Wie alt sind die Kinder?

1.42

Und dann spielen alle Leas Lieblingsspiel – „Streichholz-Mathe“.
Hör zu, sprich nach und schau dir das Bild an.

Drei und vier – tanz mit mir!

Hör zu und sprich nach. Hör zu und sing mit.

Eins und zwei, und drei, und vier,
Bitte komm und tanz mit mir!
Klatschen, stampfen, springen, winken,
Klatschen, stampfen, springen, winken.

klatschen

stampfen

Fünf und sechs, sieben und acht,
Alle haben mitgemacht!

springen

Sieben, acht und neun, und zehn,
Tschüss und jetzt auf Wiederseh'n!

winken

Elf und zwölf, und was ist dann?
Ich bin weg und du bist dran.

4 Scherz-Zoo

Wie viele Hunde und wie viele Katzen siehst du?
Zähle die Tiere.

Humor-Labor

Anna zählt ihre Finger und Benno legt sie herein.
Hör zu und schau dir die Bilder an.

5 Rosa, lila, violett

Anna mag Farben. In ihrem Zimmer ist alles bunt.
Hör zu, sprich nach und zeig die Farben.

Hör zu und klatsch mit.
Sprich nach.
Farben-Rap

Welche Farben siehst du auf den Fotos?
Nenne sie.

Wir spielen und üben

Stille Post

Memory

Farbensammler

Farben im Klassenzimmer

Schwupps – und was fehlt?

Mein rechter Platz ...

5 Wir mischen Farben!

Kinder malen gern und sie mischen gern Farben.
Rot mit Blau und Schwarz mit Weiß. Das macht Spaß.
Hör zu und mische die Farben.

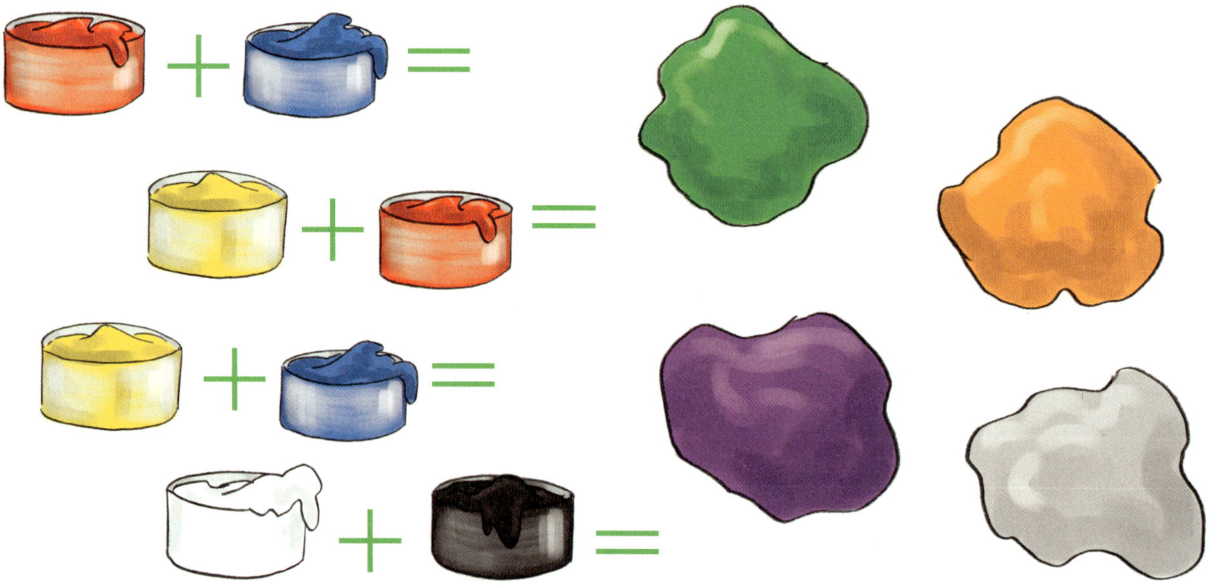

Die Farben sind komplett

Hör zu und sprich nach. Hör zu und sing mit.

1.52-54

Ich mag Rot, ich mag Rot,
Rot ist meine Lieblingsfarbe.
Rot ist schön, Rot ist fein,
Rot müssen meine Sachen sein!

Rot und Grün
und Gelb und Blau,
Schwarz und Weiß,
Orange und Grau,
Lila, Rosa und Violett,
– die Farben sind
komplett.

Ich mag Grün, ich mag Grün,
Grün ist meine Lieblingsfarbe.
Grün ist schön, Grün ist fein,
Grün müssen meine Sachen sein!

5 Scherz-Zoo

Was sagen / denken die Tiere?

Humor-Labor

Anna malt heute Bären. Eisbären. O, Benno kommt zu Besuch. Sie haben immer viel Spaß zusammen!
Hör zu und schau dir die Bilder an.

6 Mein Stift und meine Maus

Anna hat eine neue Schultasche. Jeden Abend packt sie ihre Schulsachen ein.
Hör zu, sprich nach und zeig auf dem Bild mit.

Anna spielt gern im Wohnzimmer. Überall liegen ihre Spielsachen herum. Aber wer räumt auf? Gemeinsam aufräumen macht mehr Spaß. Annas Mutter zeigt auf die Spielsachen, Anna hebt sie auf.

Hör zu und zeig auf dem Bild mit.

Hör zu und klatsch mit. Sprich nach.

Schulsachen-Rap

Der Bleistift, der Kuli, der Ball,
Das Buch, das Heft, das Lineal,
Die Schultasche, die Puppe, die Maus
Und der Rap ist aus.

6 Wir spielen und üben

Was ist das?

Würfelspiel

Farben-Spiel

Kimspiele

Schultasche packen

6 Bennos Schulsachen

Manchmal machen Benno und Anna zusammen Hausaufgaben. Aber welche Schulsachen gehören Benno? **Hör zu und markiere.**

Mein rosa Lineal

Hör zu und sprich nach. Hör zu und sing mit.

Das ist mein Stift.
Mein Stift ist blau.
Das ist mein Heft.
Mein Heft ist grau.

Das hier ist
Mein rosa Lineal
Und für die Schule
Ist es einfach ideal.

Und meine Maus,
Sie heißt Annett.
Sie ist schwarz-weiß
Und sehr nett.

6 Scherz-Zoo

Was sagen / denken die Tiere?

Das ist mein Spitzer.

Das sind meine Spielsachen.

Das sind mein Ball und meine Brille. Meine Brille ist rot.

Meine Maus und ich.

Das ist mein Bleistift.

Das ist mein Buch.

Humor-Labor

In der Schule sitzt Benno neben Sara. Benno findet Sara sehr nett. Ist er in sie verliebt?
Hör zu und schau dir die Bilder an.

7 Oma, Opa und ich

2.12

Annas Hobby ist Fotografieren. Besonders gern fotografiert sie ihre Familie. Heute zeigt sie Benno die Fotos.

Hör zu, sprich nach und zeig auf den Bildern mit.

1

2

3

4

Wer ist wer? Fragt euch gegenseitig.

2.13

Wer ist das?

Das ist Annas Bruder.

Das ist Annas Schwester.

5

6

7

8

2.14

Hör zu und klatsch mit. Sprich nach.
Familien-Rap

Meine Mutter, mein Vater,
Meine Oma, mein Opa,
Meine Schwester, mein Bruder,
Meine Katze, mein Hund.
Und jetzt du!

Deine Mutter, dein Vater,
Deine Oma, dein Opa,
Deine Schwester, dein Bruder,
Deine Katze, dein Hund.
Und jetzt ich!

7 Wir spielen und üben

Brettspiel

Ratespiel

Memory

Pantomimespiel

7 Ich male meine Familie

2.15

Die Kinder in Annas Klasse zeichnen ihre Familien und stellen sie vor.
Hör zu. Wer malt welches Bild?

A Kira **B** Fabian **C** Verena

1

2

3

Meine Familie

Hör zu und sprich nach. Hör zu und sing mit.

Ich bin Sebastian Donauwald
Und ich bin sieben Jahre alt.

Das ist mein Bruder Frederick.
Er mag Computer und Musik.

Und meine Mutter heißt Annett.
Und sie mag Oper und Ballett.

Das ist meine Oma Ada.
Sie mag Eis und Schokolade.

Das ist mein Hund. Der Hund heißt Franz.
Er bellt und wedelt mit dem Schwanz.

7 Scherz-Zoo

Was sagen / denken die Tiere?

Ich bin Benni. Das sind meine Schwester und mein Bruder. Alle sind müde.

Ich bin Kiki. Das ist meine Familie: meine Mutter, mein Vater, meine Oma und mein Opa. Meine Familie ist lustig.

Ich bin Bimbo. Das sind meine Mutter und meine Schwester. Meine Schwester ist lustig.

Das ist meine Mutter. Sie ist nett. Ich liebe meine Mutter.

Humor-Labor

Benno spielt gern Brettspiele. Aber seine Mutter hat keine Zeit … Wer spielt mit Benno?
Hör zu und schau dir die Bilder an.

2.20

8 Wir lernen und spielen

2.22

Anna, Benno und ihre Freunde lernen in der Schule lesen, schreiben und rechnen. Genau wie du. Und wenn Pause ist, dann spielen sie.
Hör zu, sprich nach und zeig auf den Bildern mit.

Hör zu und sprich nach.

2.23

Hör zu und klatsch mit. Sprich nach.
Aktivitäten-Rap

2.24

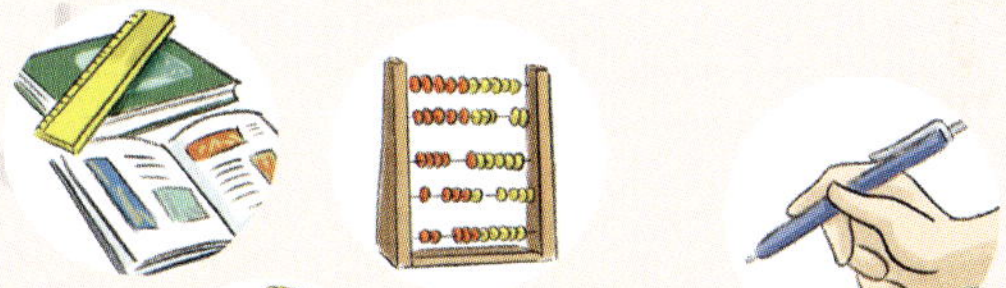

Wir lernen und rechnen und schreiben.
Wir lernen und malen und lesen.
Wir lernen und singen und turnen.

Pause!!! Pause!!!

Wir spielen und spielen und spielen.
Wir spielen und spielen und spielen.

8 Wir spielen und üben

Kettenspiel

Pantomimespiel

Pantomime in Paaren

Würfelspiel

Brettspiel

8 Ich mag Schule, aber ...

2.25

Anna telefoniert mit ihrem Opa. Anna erzählt, was es Neues in der Schule gibt.
Hör zu. Was mag Anna? Was mag Anna nicht?

Das ist einfach spitze!

Hör zu und sprich nach. Hör zu und sing mit.

Ene, mene, ene, mene, ene, mene, roll.
Ich mag lesen. Ich mag lesen.
Das ist einfach toll!

Ene, mene, ene, mene, ene, mene, rima.
Ich mag rechnen. Ich mag rechnen.
Das ist einfach prima!

Ene, mene, ene, mene, ene, mene, ritze.
Ich mag schreiben. Ich mag schreiben.
Das ist einfach spitze!

Ene, mene, ene, mene, ene, mene, roll.
Ich mag malen. Ich mag malen.
Das ist einfach toll!

Ene, mene, ene, mene, ene, mene, rima.
Ich mag singen. Ich mag singen.
Das ist einfach prima!

Ene, mene, ene, mene, ene, mene, ritze.
Ich mag lernen. Ich mag lernen.
Das ist einfach spitze!

8 Scherz-Zoo

Was sagen / denken die Tiere?

Humor-Labor

2.30

Benno hört jetzt Musik und spielt Computer. Und seine Mutter und Schwester sind in der Küche. Sie rufen ihn. Und Benno?
Hör zu und schau dir die Bilder an.

9 Alles Gute zum Geburtstag

Benno macht eine Geburtstagskarte für Anna.
Was kann er basteln?
Hör zu und sprich nach.

1

die Luftballons

4

die Torte

die Kerze

2

3

die Geschenke

Anna ist das Geburtstagskind. Wie gratuliert Benno ihr?
Hör zu und sing mit!

Zum Geburtstag viel Glück,
Zum Geburtstag viel Glück,
Zum Geburtstag, liebe Anna,
Zum Geburtstag viel Glück.

Wer im Januar geboren ist ...

Kinder spielen auf einer Geburtstagsparty.

2.34-36

Und wer im Januar geboren ist, tritt ein, tritt ein, tritt ein.

Er steht im Kreis auf einem Bein,
Ganz fein, ganz fein, ganz fein.

Und er dreht sich und er dreht sich
Und er dreht sich ganz fein.

9 Ach, du lieber Nikolaus

Anna freut sich auf den Nikolaus. Sie stellt ihre Stiefel vor die Tür. Was wird sie wohl finden?
Hör zu und sprich nach.

1

die Lebkuchen

2

die Nüsse

3

die Mandarinen

4

die Äpfel

5

die Bonbons

Anna ist so ungeduldig.
Hör zu und sprich nach.

Ach, du lieber Nikolaus,
Komm ganz schnell in unser Haus!

Lustig, lustig, traleralera

Bald kommt der Nikolaus. Benno ist froh und lustig.

Lasst uns froh und munter sein
Und uns recht von Herzen freu'n!
Lustig, lustig, traleralera,
Bald ist Nikolausabend da,
Bald ist Nikolausabend da!

Dann stell' ich den Teller auf,
Nik'laus legt gewiss was drauf.
Lustig, lustig, traleralera,
Bald ist Nikolausabend da,
Bald ist Nikolausabend da!

Wenn ich schlaf', dann träume ich:
Jetzt bringt Nikolaus was für mich.
Lustig, lustig, traleralera,
Heut' ist Nikolausabend da,
Heut' ist Nikolausabend da.

9 Frohe Weihnachten

Weihnachten steht vor der Tür. Benno hat einen Adventskalender. Was gehört noch zu Weihnachten?
Hör zu und sprich nach.

5

der Stern

1

der Winter

2

die Plätzchen

3

der Adventskranz

4

der Christbaum

Benno zündet eine Kerze an und sagt ein Gedicht auf.
Hör zu und sprich nach.

Advent, Advent, ein Lichtlein brennt.
Erst eins, dann zwei, dann drei, dann vier,
Dann steht das Christkind vor der Tür.

Kling, Glöckchen

Tina singt gern Weihnachtslieder.

Kling, Glöckchen, klingelingeling,
Kling, Glöckchen, kling!

Lasst mich ein, ihr Kinder,
Ist so kalt der Winter,
Öffnet mir die Türen,
Lasst mich nicht erfrieren!

Kling, Glöckchen, klingelingeling,
Kling, Glöckchen, kling!

Mädchen, hört, und Bübchen,
Macht mir auf das Stübchen,
Bring euch milde Gaben,
Sollt euch dran erlaben.

Hell erglühn die Kerzen,
Öffnet mir die Herzen!
Will drin wohnen fröhlich,
Frommes Kind, wie selig.

Text: Karl Enslin

9 Frohe Ostern

2.47

Anna bemalt gern Ostereier. Benno ist schon müde und bittet den Osterhasen um bunte Eier.
Hör zu und sprich nach.

Kleiner brauner Osterhase,
Hoppel schnell zu mir,
Hoppel schnell zu mir.
Bring mir Eier dick und rund,
Bemal' sie vorher richtig bunt.

2.48

Was gehört zu Ostern?
Hör zu und sprich nach.

1

der Frühling

2

der Osterstrauß

3

die Ostereier

4

der Osterhase

Kuckuck, Kuckuck

Bald ist der Frühling da. Anna und Benno spielen endlich draußen.

Kuckuck, Kuckuck ruft’s aus dem Wald.
Lasset uns singen, tanzen und springen.
Frühling, Frühling wird es nun bald.

Kuckuck, Kuckuck lässt nicht sein Schrei’n:
Kommt in die Felder, Wiesen und Wälder.
Frühling, Frühling, stelle dich ein.

Kuckuck, Kuckuck, trefflicher Held.
Was du gesungen, ist dir gelungen.
Winter, Winter räumet das Feld.

10 Wir spielen Theater

2.52

Wir sind eine Familie

Bella: Lustig, lustig, traleralera. Oh! Hallo, ich bin Bella. Und ihr? Wer seid ihr?

Januar: Hallo, guten Tag. Ich bin Januar. Meine Lieblingsfarbe ist weiß und ich mag Milch. Mmmm. Lecker. Und das ist mein Bruder.

Februar: Hallo, ich bin Februar. Januar ist mein Bruder. Wir spielen oft zusammen und trinken Milch. Mmmm. Das ist einfach wunderbar.

März:	Hallo, Januar. Hallo, Februar. Ich mag auch Milch!
Februar:	Hallo, März. Du bist schon da!
März:	Natürlich bin ich da.
Januar:	Nanu! Du bist aber oft zu spät.
März:	Nein, nein. Falsch. Ich bin nicht zu spät. Aber schaut mal! Da kommt April. Hallo, April.
April:	Hallo, zusammen. Ich bin April und meine Lieblingsfarbe ist Grün. Grün ist schön, Grün ist fein, grün müssen alle Bäume sein!
Mai:	Ich habe noch mehr Grün. Ich mag Salat, ich mag Spinat. Ich bin Mai. Ich bin so cool. Ich mag singen. Singen ist toll! Und ich mag tanzen. Eins-zwei-drei. Eins-zwei-drei.
Alle:	Eins-zwei-drei. Eins-zwei-drei. Eins-zwei-drei. Eins-zwei-drei.

Juni: Hallo, Leute! Oooooooo! Tantzt ihr wieder? Tanzen ist toll! Ich mache mit. Eins-zwei-drei. Eins-zwei-drei.

Mai: Ja, ja, toll, super, prima, klasse!

Juni: Na dann, hallo, ich bin Juni. Ich mag tanzen und ich mag bunte Farben. Aber meine Lieblingsfarbe ist Blau. Blau wie der Himmel, blau wie das Wasser. Aber da kommt schon Juli. Hey, Bruder, du bist dran.

Juli: Okay, hallo, Leute, ich bin Juli und ich mag Eis und Limonade. Und ich bringe Ferien! Die Kinder lernen nicht. Schule hat Pause.

Juni: O ja, toll! Hurra! Juhu! Du, lieber Juli, bist der Beste! Du bist genial!

August: Ja, richtig. Hallo, zusammen. Ich bin August. Meine Lieblingsfarbe ist Gelb. Gelb wie die Sonne, gelb wie die Blumen. Ich mag lesen und malen, ich mag spielen und turnen. Das ist einfach genial!

September: Hallo, zusammen. Ich bin September. Und ich bin sehr bunt: rot wie Tomaten, gelb wie Bananen und orange wie Karotten.

Oktober: Und ich habe noch mehr Farben. Hallo, zusammen. Ich bin Oktober. Meine Lieblingsfarbe ist Braun. Braun wie Kastanien und braun wie Nüsse. Die schmecken so gut. Mmmm. Lecker.

September: Hey, November. Du lachst nicht. Oje, oje.

August: Du bist so traurig.

November: Ja, ich bin ein bisschen traurig. Wer mag mich? Meine Lieblingsfarben sind Grau und Schwarz. Und ich bringe nur Regen und Wind! Puuuuuh! Oje, oje.

10

August:	Ich mag dich.
September:	Ich mag dich auch.
Oktober:	Ich auch.
Mai:	Ich auch. Ich tanze im Regen.
Juni:	Oooooo! Tanzen im Regen ist toll!

Januar:	Okay. Sind wir alle da? Eins.
Februar:	Zwei.
März:	Drei.
April:	Vier.
Mai:	Fünf.
Juni:	Sechs.
Juli:	Sieben.
August:	Acht.
September:	Neun.
Oktober:	Zehn.
November:	Elf.
Mai:	Elf. Wir sind elf Monate. Und Nummer Zwölf?

Dezember:	Ich bin Nummer Zwölf. Hallo, ich bin Dezember. Ich bin da. Ich mag Schnee und Geschenke. Ich mag Mandarinen, Lebkuchen, und Bonbons. Und ich bringe Weihnachten! Weihnachten ist toll.
Bella:	O ja! Weihnachten ist toll! Ich mag Weihnachten und ich mag Geschenke.
Dezember:	Und wer mag Bonbons?
Alle:	Ich, ich, ich! Ich auch! Und ich, und ich!
Dezember:	Ich habe Bonbons. Bitte, für alle. Guten Appetit!
Alle:	Oh, danke, danke, danke schön! Oh, danke! Vielen Dank! Mmmm. Lecker. Mmmm.
Dezember:	Bella, und du? Magst du Bonbons? Bitte.
Bella:	Oh, danke, Dezember. Du bist toll! Alle sind toll!

Alle: Wir sind Brüder. Wir sind eine Familie.
Februar: Aber wer ist am schönsten? Bella, sag mal, wen von uns magst du am liebsten?
Bella: Alle Monate sind schön. Ich mag alle Monate. Ich mag Januar, und ich mag Februar. Und März. Und April. Und Mai. Und ich mag Juni. Und Juli. Und August.
September: Und September?
Bella: Ja, September mag ich auch. Und ich mag Oktober und November. Und natürlich Dezember!
Januar: Oooo! Toll! Schön! Klasse! Lasst uns zusammen singen und tanzen und spielen. Das ist prima! Das ist einfach wunderbar!
Alle: Hurra! Juhu! Toll, super, klasse, genial, wunderbar!

Deutsch im Unterricht

1

2

3

4

5

6

7

8